Alim-un- Nisa
Kainat Abbas
Asma Saeed

Meraviglie di Shilajit

AF144456

Alim-un- Nisa
Kainat Abbas
Asma Saeed

Meraviglie di Shilajit

Un viaggio nei benefici di questa antica resina

ScienciaScripts

Imprint

Any brand names and product names mentioned in this book are subject to trademark, brand or patent protection and are trademarks or registered trademarks of their respective holders. The use of brand names, product names, common names, trade names, product descriptions etc. even without a particular marking in this work is in no way to be construed to mean that such names may be regarded as unrestricted in respect of trademark and brand protection legislation and could thus be used by anyone.

Cover image: www.ingimage.com

This book is a translation from the original published under ISBN 978-620-5-63763-0.

Publisher:
Sciencia Scripts
is a trademark of
Dodo Books Indian Ocean Ltd. and OmniScriptum S.R.L publishing group

120 High Road, East Finchley, London, N2 9ED, United Kingdom
Str. Armeneasca 28/1, office 1, Chisinau MD-2012, Republic of Moldova, Europe
Printed at: see last page
ISBN: 978-620-7-39521-7

Meraviglie di Shilajit:

Un viaggio nei benefici di questa antica resina

INDICE DEI CONTENUTI

Introduzione dello Shilajit

♦ Che cos'è lo Shilajit?

La parola "Shilajit" è sanscrita e deriva da due parole: **"Shila"**, che significa roccia, e **"jit"**, che significa conquistato o vinto. Quindi, Shilajit può essere tradotto come "conquistatore di montagne" o **"distruttore di debolezze"**. Altri nomi di questa sostanza sono Shilajeet, Silaras o Shilajatu. Lo Shilajit è un essudato di colore da marrone chiaro a marrone nerastro, di consistenza variabile, che trasuda dagli strati di roccia delle catene montuose di questo mondo, in particolare le catene dell'Himalaya e dell'Hindu Kush del subcontinente indiano.

Lo shilajit o **salajeet** è un prodotto organico-minerale naturale di origine biologica prevalentemente naturale, che si forma in montagna (nei crepacci e nelle grotte). Lo shilajit è una sostanza appiccicosa, simile al catrame, che si trova nelle rocce dell'Himalaya, dell'Altai, del Caucaso e di altre catene montuose. Lo shilajit non deriva da una pianta, ma è una complessa sostanza organico-minerale che trasuda dalle rocce delle regioni montuose. La formazione dello Shilajit è il risultato della decomposizione di sostanze vegetali e microbiche nel corso dei secoli. Lo Shilagit è utilizzato da secoli nella medicina tradizionale ayurvedica e si ritiene che abbia diversi benefici per la salute. Viene spesso consumato come integratore alimentare ed è ricco di minerali e altri composti organici.

Figura n. 1: questa immagine mostra il pezzo di Shilajit

4

◆ **Origine dello Shilajit:**

Sulla fonte dello shilajit si sono espressi diversi punti di vista. Si dice che si sia formato come risultato della disgregazione di rocce petrolifere da parte di microbi. Le prime teorie (pre-scientifiche) suggerivano la composizione inorganica dello shilajit (oro, argento, rame e ferro) e la sua genesi nelle montagne.

Negli ultimi anni del 1900, si riteneva che lo shilajit provenisse da escrementi di roditori sulle rocce e da rifiuti di animali, come i pipistrelli.

Le teorie moderne affermano che lo shilajit è una pianta e che molto probabilmente è costituito da sottoprodotti fossilizzati di resti vegetali che hanno subito una trasformazione a causa della pressione delle rocce.

Figura n. 2: Questa immagine mostra lo Shilajit in montagna.

◆ **Nomi nativi e classificazione botanica dello Shilajit:**

Nomi nativi e classificazione botanica	
Nome inglese	Asfalto nero, cera minerale e pece minerale
Nome nepalese	Kalo Shilajita
Nomi sanscriti	Shailobhava, Shaileya, Girijaatu, Shaila, Shailadhatuja, Adrija, Shilasweda, Shilamaya, Shila Niryasa, Gaireya e Ashma Laksha.
Nome bengalese	Silajatu
Nomi locali	Baragshun, Barahshin, Dorobi e Shargai
Nome persiano	Mumiya
Nome Malayalam	Kanmada
Nome botanico	Bitume minerale

◆ **Storia dello Shilajit:**

La storia dello Shilajit risale a migliaia di anni fa e il suo uso è profondamente radicato nella medicina tradizionale e nelle pratiche culturali. Ecco una panoramica dello sviluppo storico dello Shilajit:

- **Antichi testi ayurvedici:**

Lo shilajit fa parte della medicina ayurvedica da oltre 2.000 anni. È citato in testi antichi come la Charaka Samhita e la Sushruta Samhita. Questi testi descrivono lo Shilajit come una sostanza in grado di aumentare la resistenza fisica e mentale, promuovere la longevità e ringiovanire il corpo.

- **Credenze culturali e usi tradizionali:**

Lo shilajit ha un significato culturale in diverse regioni, tra cui India, Tibet, Asia centrale e Medio Oriente. Tradizionalmente si ritiene che sia una sostanza potente per promuovere la salute generale, la vitalità e la forza. Diverse culture hanno incorporato lo Shilajit nelle loro pratiche curative tradizionali.

- **Rasayana ayurvedico:**

In Ayurveda, lo Shilajit è classificato come Rasayana, una categoria di sostanze considerate ringiovanenti e favorevoli alla longevità. Si ritiene che abbia proprietà adattogene, che aiutano l'organismo ad adattarsi allo stress e a mantenere l'equilibrio.

- **Aneddoti storici:**

Testi storici e aneddoti menzionano l'uso dello Shilajit da parte di vari governanti ed élite in diverse culture. A volte era considerata una sostanza rara e preziosa, riservata a chi occupava posizioni di potere o a chi cercava una maggiore vitalità.

- **Raccolta e valorizzazione:**

Tradizionalmente, lo Shilajit viene raccolto dalle rocce delle regioni montuose. Il processo di raccolta consiste nel raccogliere la sostanza resinosa che trasuda dalle rocce durante i mesi più caldi. Viene poi purificata e lavorata per vari usi medicinali.

- **Interesse scientifico moderno:**

Mentre lo Shilajit ha una lunga storia di uso tradizionale, la moderna ricerca scientifica sulle sue proprietà è iniziata nel XX secolo. I ricercatori hanno studiato la sua composizione chimica, i potenziali benefici per la salute e la sicurezza. Alcuni studi suggeriscono proprietà antiossidanti e antinfiammatorie, ma sono necessarie ulteriori ricerche per ottenere prove definitive.

La storia dello Shilajit è intrecciata con le pratiche culturali e medicinali delle regioni in cui si trova. Il suo uso duraturo nel corso dei millenni riflette il valore percepito di questa sostanza naturale nel promuovere la salute e il benessere.

- ◆ **Tipi di Shilajit:**

Esistono diversi tipi di shilajit e le variazioni possono essere attribuite a fattori quali la posizione geografica, le rocce specifiche da cui viene estratto e le condizioni in cui viene raccolto. Ecco alcuni tipi di shilajit:

- **Minerali con contenuto di oro (Charka Samhita Shilajit):**

Lo shilajit che fuoriesce da queste rocce è di colore rosso-violaceo e presenta Madhura, Tikta Rasa e Katu Vipaka. Lo shilajit è simile a un fiore di ibisco.

- **Rocce con contenuto di argento (Rajat Shilajit):**
Di colore bianco, con un Katu Rasa e Madhura Vipaka, sono gli shilajit che emergono da queste rocce.

- **Rocce contenenti rame (chiamate Tamra Shilajit):**

Questo tipo di rocce emana un liquido bluastro-violaceo che ricorda la gola di un pavone e presenta Tikta Rasa e Katu Vipaka.
- **Minerali con contenuto di ferro (Lauha Shilajit):**
Considerata la varietà migliore, l'essudazione presenta Tikta e Lavana Rasa e assomiglia alla gomma Guggulu (Commiphora mukul).
- **Shilajit dell'Himalaya:**
Questo tipo proviene dalla catena montuosa dell'Himalaya ed è forse il più conosciuto. Si trova in paesi come India, Nepal, Bhutan e Tibet.
- **Altai Shilajit:**
L'Altai è un'altra catena montuosa in cui si trova lo shilajit, e lo shilajit di questa regione può avere una composizione unica.
- **Shilajit caucasico:**
 Lo shilajit proveniente dalla catena montuosa del Caucaso è meno conosciuto, ma è anch'esso disponibile.
- **Shilajit afgano:**
 L'Afghanistan è un'altra regione in cui si raccoglie lo shilajit.
- **Dabur Shilajit:**
 Dabur è un noto marchio che vende prodotti a base di shilajit. Anche se la fonte non è sempre specificata, il prodotto è spesso una forma elaborata di shilajit.

È importante notare che la qualità e la composizione dello shilajit possono variare in base alla fonte e ai metodi di lavorazione. L'autenticità e la purezza sono fondamentali quando si acquistano integratori di shilajit, poiché il mercato può talvolta essere invaso da prodotti di bassa qualità o adulterati. Se si sta pensando di utilizzare lo shilajit, si raccomanda di acquistarlo da fonti affidabili e, se possibile, di consultare un professionista della salute o un medico ayurvedico.

♦ Diffusione geografica dello Shilajit:

Lo shilajit si trova principalmente nelle regioni montuose del mondo, con una diffusione geografica che abbraccia diverse catene montuose. La sostanza è particolarmente presente sull'Himalaya, dove proviene da rocce ad alta quota. I Monti Altai, situati nell'Asia centrale e orientale, sono un'altra regione significativa in cui si trova lo Shilajit. Inoltre, si trova nelle montagne del Caucaso e in altre aree montuose caratterizzate da formazioni rocciose. Le condizioni geologiche uniche di queste regioni contribuiscono alla formazione dello Shilajit, una sostanza resinosa che trasuda dalle rocce come risultato della decomposizione di materia vegetale e microbica per lunghi periodi. L'uso storico dello Shilajit nella medicina tradizionale è strettamente legato alle sue origini geologiche, poiché le culture di queste regioni montuose lo hanno venerato per le sue presunte proprietà salutari. La diffusione dello Shilajit in diverse catene montuose evidenzia il suo legame con ambienti geologici specifici, dove è stato valorizzato per secoli in varie pratiche culturali e medicinali.

Figura n. 3: Questa immagine mostra lo Shilajit in montagna.

♦ **Proprietà dello Shilajit:** le caratteristiche dello Shilajit sono le seguenti:
o Potrebbe fungere da antinfiammatorio.
o Potrebbe possedere qualità antiossidanti.
o Potrebbe contenere qualità che migliorano la memoria.
o Potrebbe possedere qualità anti-Alzheimer.
o Può ridurre i livelli di zucchero nel sangue e possiede qualità antiasmatiche.
o Potrebbe possedere proprietà antitumorali.
o Potrebbe avere qualità digestive, migliorare la salute del fegato, dei reni e del cuore e aiutare nelle crisi epilettiche.

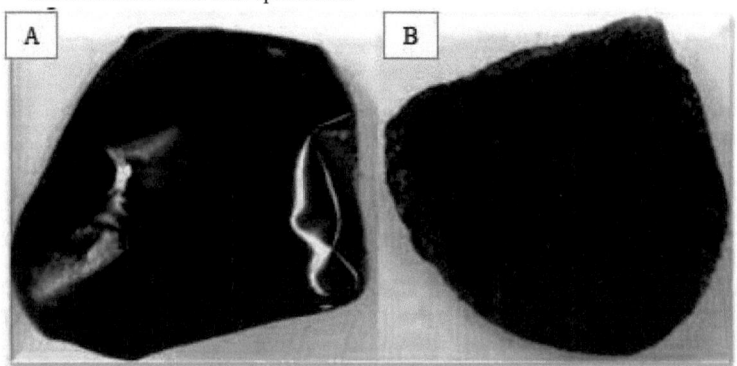

Figura 4: (A) Questa immagine mostra lo Shilajit indiano (B) Questa immagine mostra lo Shilajit pakistano.

♦ Propagazione dello Shilajit:

Lo shilajit è una sostanza naturale che si forma nelle rocce delle regioni montuose e non si propaga come le piante o gli organismi viventi. È il risultato della decomposizione di materia vegetale e microbica per lunghi periodi e trasuda dalle rocce durante i mesi più caldi.

La raccolta dello Shilajit consiste nel raccogliere la sostanza resinosa dalle rocce delle zone montuose. Non esiste una coltivazione o una propagazione dello Shilajit in senso tradizionale, poiché non si tratta di un organismo vivente con un ciclo vitale che possa essere gestito o coltivato.

Il metodo tradizionale di raccolta dello Shilajit prevede la raccolta della resina così come trasuda naturalmente dalle rocce. Questo processo viene tipicamente effettuato nelle regioni in cui si trova lo Shilajit, come l'Himalaya, l'Altai, il Caucaso e altre catene montuose.

È importante notare che la raccolta e l'uso dello Shilajit devono avvenire in modo responsabile e sostenibile, per preservare l'ambiente naturale e garantire la continua disponibilità di questa sostanza. Se si è interessati a utilizzare lo Shilajit, si raccomanda di rifornirsi da fornitori affidabili che aderiscono a pratiche di raccolta etiche e sostenibili.

♦ Prodotti Shilajit:

Al momento del mio ultimo aggiornamento delle conoscenze, nel gennaio 2022, erano disponibili sul mercato diversi prodotti a base di shilajit, ciascuno commercializzato da marchi diversi. Tenete presente che la disponibilità e le formulazioni dei prodotti possono cambiare e che potrebbero essere stati introdotti nuovi prodotti dopo il mio ultimo aggiornamento. Ecco alcuni esempi di prodotti a base di shilajit:

Sr.	Marchio	Forma dell'articolo	Informazioni su questo articolo	Immagine

1	Hima Shilajatu	Gel	Shilajit Purest Himalayan Shilajit Resin - Shilajit puro al 100% di grado oro con acido fulvico e complesso di oltre 85 oligominerali per il supporto energetico e immunitario, 30 grammi	
2	Blisque	Resina	Blisque - Integratore di resina organica pura di Shilajit dell'Himalaya | Autentico e naturale | Grado d'oro A | Contiene acido fulvico e oligominerali | 60 grammi	
3	Sennasi	Gel	Resina di Shilajit pura e biologica dell'Himalaya - 600 mg di resina di Shilajit organica naturale di massima potenza con oltre 85 oligominerali e acido fulvico per l'energia, il supporto immunitario, 30 grammi	

4	aSquared Nutrition	Capsula	aSquared Nutrition Shilajit 1000mg - 120 Capsule - Pillole di estratto di Shilajit puro e complesso in polvere - Acido umico e fulvico naturali e oligominerali - Alternativa a resina e gocce	
5	Integratori per legno doppio	Capsula	Capsule di Shilajit Pure Himalayan (integratore di acido fulvico al 20%) 1.000 mg di estratto di Shilajit autentico per porzione, 120 compresse (ad alto contenuto di oligominerali, senza riempitivi, prodotto negli USA) da Double Wood	

6	Guindila	Gel	Integratore di Shilajit da 800 mg - Resina di Shilajit organica pura dell'Himalaya con la massima potenza, originale dell'Himalaya con oltre 85 oligominerali e acido fulvico per la concentrazione e l'energia, immunità, 30 grammi.	
7	CYMBI OTIKA	Gel	CYMBIOTIKA Resina di Shilajit pura con oro elementare, acido fulvico, 84+ oligoelementi, integratore digestivo e immunitario per sostenere la concentrazione e l'energia, salute generale, alta potenza, vegano, non OGM, barattolo da 15g	

8	Shilajit	Capsula	Dabur Shilajit Capsule Ayurvediche - 30 capsule | Shilajit puro con benefici anti-fatica e anti-infiammatori | Per il vigore e la forza | Per aumentare l'immunità | Tonico Ayurvedico per la salute	
9	Elikadur	Capsula	2000 MG Integratore di Shilajit, Resina di Shilajit Organica, Capsule di Shilajit, Shilajit puro al 100% con oltre 85 oligominerali e 60% di acido fulvico, per aumentare l'energia e l'immunità, Vegetariano, Naturale, 60 Capsule	
10	Kapiva	Resina	Kapiva Shilajit Gold Resin - 20g | Aiuta a potenziare la resistenza | Contiene oro a 24 carati | 100% ayurvedico	

11	Nirvasa	Capsula	Nirvasa Shilajit Capsule (800 mg) con Safed Musli, Ashwagandha e Kaunch Beej | Shilajit purissimo - 60 Capsule Confezione da 1	
12	Formen	Tavoletta	ForMen Shilajit Ashwagandha Compresse per Uomo | Aumenta l'immunità, la forza e la resistenza | Integratori ayurvedici per l'aumento della resistenza per gli uomini - 30 Compresse	
13	Cura in grassetto	Resina	Bold Care Resina di Shilajit dell'Himalaya - 20 gm (20 gm (confezione da 1))	

14	PRODO TTI BIOLOG ICI HIMAL AYANI	Liquido	Himalayan Organics 100% Pure Shilajit/Shilajeet Resin per aumentare le prestazioni, la potenza, la resistenza, la forza con l'acido fulvico e il complesso di oltre 85 oligominerali per l'energia, massima potenza I - 20g	
15	RICERC A BENESS ERE	Capsula	Cerca Benessere Shilajit Gold-60 Capsule (Confezione da 1) Arricchito con Ashwagandha, Gokshura, Swarna Bhasma	

15

16	UPAKA RMA	Semi-liquido	UPAKARMA Ayurveda	Premium Shilajit Gold Dust Resin 20g	100% Ayurvedico	Shilajeet puro e naturale	Aiuta ad aumentare l'immunità, l'energia, la forza, la resistenza e la salute generale	Confezione da 1	
17	UPAKA RMA	Resina di Shilajit con Ashwagandha	UPAKARMA Pure Shilajit Resin con Ashwagandha 20g	Aumenta la forza e costruisce la massa muscolare in modo naturale	100% ayurvedico	Confezione da 1	

18	UPAKA RMA	Puro SJ, Mirtillo e Arancia	UPAKARMA Ayurveda Shilajit Compresse Effervescenti Confezione da 3 compresse per aumentare le prestazioni, la potenza, la forza e la resistenza con Shilajit puro, gusto arancia e mirtillo - Testato in laboratorio	
19	svaa. vita	Tavoletta	svaa. life Il primo prodotto al mondo da 500 mg di Shilajit/Shilajeet Effervescente 21 Compresse con Ashwagandha, Gokshuru, Zafferano e Safed Musli | Per la Vitalità, la Resistenza, la Stamina, la Pelle Luminosa (63 compresse)	

20	nveda	Capsula	Nveda Shilajit Capsule ayurvediche-60, Shilajit dell'Himalaya per la resistenza e la forza, stimolatore di energia e immunità Shilajeet per uomini e donne	
21	Cura in grassetto	Tavoletta	Bold Care Shilajit Compresse Effervescenti per il sostegno naturale della resistenza - 20 compresse effervescenti, confezione da 1	
22	PLIX - IL RIMEDIO PER LE PIANTE	Tavoletta	PLIX -THE PLANT FIX 500mg Shilajit Effervescente - 15 Compresse (Confezione da 1)	Con zafferano e Safed Musli per la vitalità	100% Vegan	Al gusto di arancia	Per gli uomini	

Fitochimica e proprietà fisiche dello Shilajit

◆ **Fitochimica dello Shilajit:**
La fitochimica dello Shilajit è complessa e varia a seconda della regione geografica di provenienza. Lo Shilajit è una sostanza resinosa che si forma nelle rocce delle regioni montuose ed è composta da una miscela di composti organici e inorganici.

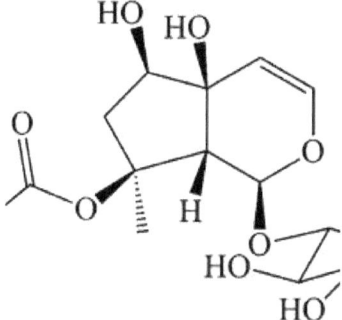

Figura n. 5: Questa immagine mostra la formula chimica dello Shilajit.

Alcuni dei principali costituenti includono:

- **Acido fulvico:**

L'acido fulvico è uno dei principali componenti dello Shilajit ed è noto per le sue proprietà antiossidanti. È un tipo di sostanza umica che si forma durante la decomposizione della materia organica.

- **Minerali:**

Lo shilajit contiene una serie di minerali, tra cui ferro, zinco, rame, manganese, magnesio e altri. La composizione minerale può variare a seconda delle condizioni geologiche specifiche della regione.

- **Dibenzo-Alfa-Pironi (DBP):**

I DBP sono composti organici presenti nello Shilajit che si ritiene contribuiscano ai suoi effetti farmacologici. Questi composti sono stati studiati per le loro potenziali proprietà antiossidanti e antinfiammatorie.

- **Cromoproteine diibenzo-alfa-pirone:**

Le cromoproteine sono un altro gruppo di composti presenti nello Shilajit che contribuiscono al suo colore e possono avere proprietà antiossidanti.

- **Umine e sostanze simili all'umina:**

Si tratta di composti organici complessi che si formano durante la decomposizione della materia vegetale e microbica. Contribuiscono alla composizione complessiva dello Shilajit.

- **Aminoacidi:**

Lo shilajit contiene diversi aminoacidi, i mattoni delle proteine. La presenza di aminoacidi contribuisce al suo profilo nutrizionale.

- **Composti fenolici:**

Nello Shilajit sono stati identificati composti fenolici con proprietà antiossidanti, che contribuiscono ai suoi potenziali benefici per la salute.

- **Triterpeni e diterpeni:**

Alcuni studi hanno identificato nello Shilajit triterpeni e diterpeni, composti organici con potenziali attività biologiche.

- **Cromoproteine:**

Le cromoproteine sono composti che contribuiscono alla colorazione dello Shilajit. È probabile che queste sostanze contengano sia componenti proteiche che non proteiche.

Le ricerche sulla fitochimica dello Shilajit sono in corso e l'esatta composizione può variare in base a fattori quali l'altitudine, il clima e le specifiche caratteristiche geologiche della regione. Sebbene lo Shilajit sia utilizzato da secoli nella medicina tradizionale, sono necessari ulteriori studi scientifici per comprendere appieno la sua complessa composizione e i meccanismi alla base dei suoi potenziali effetti benefici sulla salute.

- **Oligoelemento nello Shilajit:**

La composizione specifica degli oligoelementi nello Shilajit può variare in base alla posizione geografica da cui proviene. È noto che lo Shilajit contiene diversi minerali e oligoelementi grazie alla sua formazione nelle rocce e alla decomposizione di materia vegetale e microbica. **Ecco un elenco di alcuni oligoelementi comuni presenti nel tipico Shilajit:**

1.	Ferro (Fe)
2.	**Zinco (Zn)**
3.	**Rame (Cu)**
4.	**Manganese (Mn)**
5.	**Magnesio (Mg)**
6.	**Calcio (Ca)**
7.	**Stronzio (Sr)**
8.	**Bario (Ba)**
9.	**Silicio (Si)**
10.	Sodio (Na)
11.	**Potassio (K)**
12.	**Cromo (Cr)**
13.	**Selenio (Se)**
14.	**Cobalto (Co)**
15.	**Nichel (Ni)**
16.	**Molibdeno (MO)**
17.	**Vanadio(V)**
18.	**Boro (B)**

19.	Litio (Li)
20.	Rubidio (Rb)
21.	Cadmio (Cd)
22.	Piombo (Pb)
23.	Mercurio (Hg)
24.	Arsenico (As)
25.	Alluminio (Al)

È importante notare che la concentrazione di questi oligoelementi può variare a seconda di fattori quali l'altitudine, il clima e le condizioni geologiche specifiche della regione da cui proviene lo Shilajit. Inoltre, anche i metodi di lavorazione utilizzati per preparare i prodotti a base di Shilajit, come polveri o estratti, possono influenzare la concentrazione di oligoelementi.

Sebbene lo Shilajit sia spesso apprezzato per il suo contenuto di minerali, è essenziale prestare attenzione ai livelli di alcuni elementi, in particolare dei metalli pesanti. Le misure di controllo della qualità e l'approvvigionamento di Shilajit da fornitori affidabili che rispettano gli standard di sicurezza e purezza sono considerazioni importanti per chi utilizza lo Shilajit come integratore alimentare. I test analitici sui prodotti a base di Shilajit possono fornire informazioni sul loro contenuto di minerali e oligoelementi.

- ◆ **Formula chimica ed empirica dello Shilajit:**

A dire il vero, attualmente lo Shilajit non ha una formula chimica standard: è difficile trovare un'equazione universale perché ogni luogo ha una composizione minerale leggermente diversa. Senza contare che nessuno è in grado di dire la formula chimica dell'acido fulvico in sé, il che rende praticamente difficile assumere la parte di acido fulvico dello Shilajit!

Anche se questo potrebbe essere il caso della formula chimica, R. G. Yusupov ha proposto una formula empirica fondamentale nel 1979.

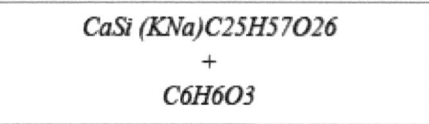

$$CaSi\ (KNa)C25H57O26$$
$$+$$
$$C6H6O3$$

- ◆ **Proprietà fisiche dello Shilajit:**

Lo shilajit è una sostanza resinosa complessa con proprietà fisiche uniche. Il suo aspetto, la sua consistenza e altre caratteristiche possono variare in base alla fonte e alla lavorazione. Ecco alcune delle principali proprietà fisiche dello Shilajit:

- ○ **Aspetto:**

Lo shilajit ha tipicamente un colore che va dal marrone scuro al nero. Il suo aspetto può variare da una consistenza lucida e brillante a una finitura più opaca.

Figura n. 6: Questa immagine mostra l'aspetto dello Shilajit.

o **Struttura:**

La consistenza dello Shilajit è appiccicosa e simile al catrame. È morbido e malleabile quando è caldo, ma può diventare duro e fragile a temperature più basse.

o **Solubilità:**

Lo shilajit è parzialmente solubile in acqua e si scioglie più facilmente in acqua calda che in acqua fredda. Tuttavia, è più solubile in solventi organici come l'etanolo.

o **Odore e sapore:**

Lo shilajit ha un caratteristico sapore terroso e leggermente amaro. Il suo odore può essere forte e può avere un aroma pungente e resinoso.

o **Densità:**

La densità dello Shilajit può variare, ma è generalmente densa a causa del suo contenuto minerale. Il suo peso specifico dipende dalla concentrazione di minerali e composti organici.

o **Sensibilità alla temperatura:**

Lo shilajit è sensibile alla temperatura. Si ammorbidisce e diventa più malleabile quando è esposto al calore, mentre le temperature più fredde possono indurlo e renderlo più fragile.

o **Natura igroscopica:**

Lo shilajit è igroscopico, cioè ha la capacità di assorbire l'umidità dall'aria. Questa proprietà può influire sulla sua consistenza e struttura nel tempo.

o **Test alla fiamma:**

Quando un piccolo pezzo di Shilajit viene riscaldato con una fiamma, può presentare un caratteristico suono scoppiettante, noto come "scatto dello Shilajit". Questo fenomeno viene talvolta utilizzato come test informale per verificare l'autenticità dello Shilajit.

È importante notare che le proprietà fisiche dello Shilajit possono essere influenzate da vari fattori, tra cui l'origine geografica, le rocce e i minerali specifici che lo compongono e i metodi di lavorazione utilizzati. Lo Shilajit viene spesso trasformato in forme diverse per il consumo, come polveri, capsule o estratti, che possono anche influenzarne l'aspetto e la consistenza. Quando si acquistano prodotti a base di Shilajit, è consigliabile rifornirsi da fornitori affidabili per garantire autenticità e qualità.

Shilajit: Usi, importanza e benefici

♦ **Usi dello Shilajit:**

Lo shilajit è stato utilizzato per secoli nella medicina tradizionale, in particolare nell'Ayurveda, grazie ai suoi benefici per la salute. Sebbene i suoi usi tradizionali siano diversi, è importante notare che la ricerca scientifica sullo Shilajit è in corso e sono necessarie ulteriori prove per convalidare pienamente tutti i suoi potenziali usi.

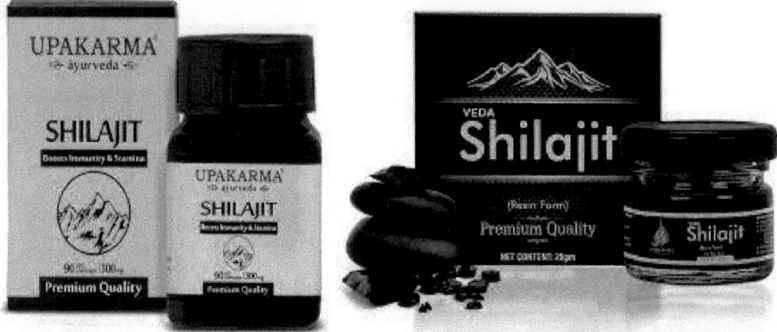

Figura n. 7: Questa immagine mostra i diversi tipi di Shilajit.

Alcuni usi e potenziali benefici dello Shilajit includono:

o **Energia e resistenza:**

Tradizionalmente si ritiene che lo shilajit aumenti i livelli di energia e la resistenza fisica. Viene spesso utilizzato come rimedio naturale per combattere la stanchezza e promuovere la vitalità generale.

o **Funzione cognitiva:**

Alcuni usi tradizionali dello Shilajit includono il suo ruolo nel sostenere le funzioni cognitive e la chiarezza mentale. Si ritiene che abbia proprietà adattogene, che aiutano l'organismo ad adattarsi allo stress e che possono avere un impatto positivo sul benessere mentale.

o **Proprietà anti-invecchiamento:**

Lo shilajit è talvolta associato a effetti anti-invecchiamento. Si ritiene che promuova la longevità e la vitalità e che le sue proprietà antiossidanti possano contribuire a proteggere le cellule dallo stress ossidativo.

o **Supporto del sistema immunitario:**

24

L'uso tradizionale suggerisce che lo Shilajit possa avere effetti immuno-modulanti, sostenendo le difese naturali dell'organismo contro infezioni e malattie.

- o **Infiammazione e artrite:**
  Alcuni studi suggeriscono che lo Shilajit possa avere proprietà antinfiammatorie, che potrebbero essere utili per le condizioni di infiammazione, come l'artrite.
- o **Attività antiossidante:**
  Lo shilajit è ricco di acido fulvico e di altri composti con proprietà antiossidanti. Gli antiossidanti aiutano a neutralizzare i radicali liberi nell'organismo, contribuendo alla salute e al benessere generale.
- o **Salute riproduttiva maschile:**
  Nell'uso tradizionale, lo Shilajit è spesso associato alla salute riproduttiva maschile. Alcuni studi suggeriscono potenziali benefici per la fertilità maschile, i livelli di testosterone e la funzione riproduttiva. Che svolgono un ruolo cruciale nella salute riproduttiva maschile, compresa la produzione di sperma e la funzione sessuale complessiva. Si ritiene che la presenza di acido fulvico nello shilajit migliori l'assorbimento dei nutrienti, favorendo potenzialmente l'apporto di nutrienti essenziali agli organi riproduttivi. Inoltre, le proprietà antiossidanti dello shilajit possono aiutare a proteggere lo sperma dallo stress ossidativo, che può avere un impatto negativo sulla fertilità. Sebbene siano necessarie ulteriori ricerche, in particolare studi clinici ben progettati, per confermare questi potenziali benefici e chiarirne i meccanismi specifici, lo shilajit è promettente come integratore naturale per sostenere la salute riproduttiva maschile. Come per qualsiasi intervento sulla salute, prima di incorporare lo shilajit nella propria routine è necessario consultare il personale sanitario, in particolare se si è affetti da patologie di base o si è sottoposti a trattamenti per la fertilità.
- o **Lo shilajit aiuta a controllare i livelli di zucchero nel sangue:**
  Ricerche preliminari indicano che lo Shilajit può avere un ruolo nel regolare i livelli di zucchero nel sangue, il che potrebbe essere vantaggioso per i soggetti affetti da diabete. Lo Shilajit è stato studiato per il suo potenziale ruolo nel controllo dei livelli di zucchero, in particolare nel contesto del diabete. Questa sostanza resinosa, originaria delle regioni montuose, contiene una ricca gamma di minerali, acido fulvico e altri composti bioattivi che possono contribuire ai suoi effetti terapeutici. Uno dei meccanismi proposti è il suo impatto sul metabolismo del glucosio e sulla sensibilità all'insulina. È stato suggerito che l'acido fulvico, un componente chiave dello shilajit, aumenti l'assorbimento del glucosio da parte delle cellule, migliorando potenzialmente la sensibilità all'insulina.
  Inoltre, lo shilajit può influenzare gli enzimi chiave coinvolti nella regolazione dei livelli di zucchero nel sangue. Alcuni studi, condotti principalmente su animali, hanno indicato che l'integrazione di shilajit può portare a una riduzione dei livelli di glucosio nel sangue. Questi risultati suggeriscono un potenziale ruolo dello shilajit nella gestione del diabete. Tuttavia, è essenziale notare che sono necessari studi clinici sull'uomo più solidi e ben controllati per stabilire in modo definitivo l'efficacia e la sicurezza dello shilajit per il controllo glicemico. Le persone affette da diabete dovrebbero essere caute e consultare il personale sanitario prima di considerare l'integrazione di shilajit come parte del loro piano

di gestione del diabete. L'assunzione di shilajit o di qualsiasi altro integratore deve essere affrontata con una comprensione completa della propria salute generale, della risposta individuale e in consultazione con fornitori di assistenza sanitaria qualificati.

- o **Guarigione delle ferite:**

Gli usi tradizionali dello Shilajit includono la sua applicazione sulle ferite per favorire il processo di guarigione. Si ritiene che abbia proprietà rigenerative che possono favorire la riparazione dei tessuti.

È importante usare cautela e consultare un professionista della salute prima di utilizzare lo Shilajit, soprattutto se si hanno condizioni di salute esistenti o si assumono farmaci. Inoltre, la qualità e l'autenticità dei prodotti a base di Shilajit possono variare, quindi è consigliabile rifornirsi da fonti affidabili.

Figura n. 8: Questa immagine mostra gli usi dello Shilajit

- ◆ **Usi medicinali dello Shilajit:**

Lo shilajit è stato utilizzato nella medicina tradizionale, in particolare nell'Ayurveda, per vari scopi medicinali. Sebbene i suoi usi tradizionali siano diversi, è importante notare che la ricerca scientifica sullo Shilajit è in corso e sono necessarie ulteriori prove per convalidare pienamente le sue potenziali applicazioni medicinali. Alcuni usi medicinali dello Shilajit includono:

- o **Uso dello shilajit per l'anemia:**

Sebbene lo Shilajit sia stato tradizionalmente utilizzato in alcuni sistemi di medicina tradizionale per vari scopi salutistici, tra cui la promozione della vitalità e del benessere generale, le prove scientifiche a sostegno del suo uso specifico per l'anemia sono limitate. L'anemia è una condizione caratterizzata da una carenza di globuli rossi o di emoglobina, con conseguente riduzione della capacità di trasporto di ossigeno nel sangue. Il trattamento principale per l'anemia consiste tipicamente nell'affrontare la causa sottostante, che può includere carenze nutrizionali, malattie croniche o altri fattori che influenzano la produzione di globuli rossi o la durata della vita.

Lo shilajit contiene diversi minerali, tra cui il ferro, che è un componente fondamentale per la sintesi dell'emoglobina. La carenza di ferro è una causa comune di alcuni tipi di anemia e l'aumento dell'assunzione di ferro è un approccio standard nella gestione dell'anemia da carenza di ferro. Tuttavia, il contenuto di ferro dello Shilajit potrebbe non essere sufficiente o facilmente assorbibile per affrontare l'anemia rispetto agli integratori di ferro convenzionali o alle fonti alimentari di ferro.

Se si avvertono i sintomi dell'anemia o si sospetta una carenza di ferro, è importante consultare un operatore sanitario per una diagnosi corretta e un trattamento appropriato. Gli operatori sanitari possono consigliare integratori di ferro o modifiche alla dieta in base al tipo e alla causa specifica dell'anemia.

Sebbene lo Shilajit sia generalmente considerato sicuro per la maggior parte delle persone se usato con moderazione, il suo uso per specifiche condizioni mediche dovrebbe essere affrontato con cautela e si dovrebbe richiedere il parere di un medico professionista. Inoltre, le donne in gravidanza, le persone con determinate condizioni mediche o che assumono farmaci dovrebbero consultare un operatore sanitario prima di utilizzare qualsiasi integratore, compreso lo Shilajit.

o **Usi dello Shilajit per l'affaticamento muscolare:**

Lo shilajit, una resina naturale derivata dalle regioni montuose, ha guadagnato attenzione per il suo potenziale ruolo nel trattamento dell'affaticamento muscolare. Tradizionalmente utilizzato nella medicina ayurvedica, si ritiene che lo Shilajit possieda proprietà adattogene che possono migliorare la capacità dell'organismo di far fronte allo stress, compreso lo sforzo fisico. Il ricco contenuto di minerali, tra cui l'acido fulvico, contribuisce ai benefici dello Shilajit per l'energia generale e la resistenza. Gli atleti e gli appassionati di fitness ne hanno esplorato l'uso come integratore naturale per combattere l'affaticamento muscolare e migliorare il recupero dopo l'esercizio. Sebbene la ricerca scientifica sugli effetti dello Shilajit sull'affaticamento muscolare sia ancora in evoluzione, alcuni studi suggeriscono che le sue proprietà antiossidanti possano svolgere un ruolo nel ridurre lo stress ossidativo indotto dall'esercizio fisico. Inoltre, il potenziale dello Shilajit di ottimizzare la funzione mitocondriale, l'unità di produzione di energia nelle cellule, è stato studiato per il suo impatto sulla resistenza e sulle prestazioni muscolari. Nonostante questi aspetti promettenti, è fondamentale che gli individui si avvicinino all'uso dello Shilajit per l'affaticamento muscolare con cautela, rivolgendosi a professionisti del settore sanitario per assicurarne l'adeguatezza alle esigenze individuali e alla salute generale.

o **Usi dello Shilajit per il cuore:**

Lo Shilajit, una sostanza resinosa derivata dalle rocce delle regioni montuose, ha attirato l'attenzione per i suoi potenziali benefici cardiovascolari. Anche se la ricerca scientifica è in corso, gli usi tradizionali e gli studi preliminari suggeriscono che lo Shilajit può avere un impatto positivo sulla salute del cuore. Si ritiene che la presenza di acido fulvico, un componente chiave dello Shilajit, offra proprietà antiossidanti che potrebbero proteggere il cuore dallo stress ossidativo, un fattore associato alle malattie cardiovascolari. Si ritiene che lo Shilajit contribuisca anche alla regolazione della pressione sanguigna e dei livelli di colesterolo, fattori chiave per il mantenimento della salute cardiovascolare. Inoltre, i suoi potenziali effetti antinfiammatori possono contribuire a ridurre l'infiammazione del sistema cardiovascolare. Come per qualsiasi altro integratore, è essenziale che l'uso di questo prodotto avvenga con cautela e sotto la guida di un professionista della salute, soprattutto per le persone con patologie cardiache esistenti o che assumono farmaci. Sebbene lo Shilajit sia promettente nel promuovere la salute del cuore, sono necessarie ricerche più rigorose per comprenderne appieno i meccanismi e stabilire raccomandazioni definitive.

o **Usi dello Shilajit per i capelli:**

Lo Shilajit, una resina naturale che si forma nelle regioni montuose, ha guadagnato attenzione per i suoi potenziali benefici nel promuovere la salute dei capelli. Ricco di minerali, acido fulvico e altri composti bioattivi, lo Shilajit è tradizionalmente ritenuto in grado di nutrire il cuoio capelluto e i follicoli piliferi. Il suo contenuto di minerali, tra cui ferro, zinco e manganese, può contribuire a mantenere una crescita sana dei capelli. L'acido fulvico, un componente chiave, è noto per le sue proprietà antiossidanti, potenzialmente in grado di proteggere i follicoli piliferi dallo stress ossidativo. Alcuni usi tradizionali dello Shilajit prevedono l'applicazione topica sul cuoio capelluto per rafforzare i capelli e prevenirne la caduta. Inoltre, i suoi presunti effetti antinfiammatori possono aiutare a risolvere condizioni come la forfora e l'irritazione del cuoio capelluto. Sebbene lo Shilajit sia promettente nel promuovere la salute dei capelli, la ricerca scientifica sui suoi effetti specifici sui capelli sta ancora emergendo. Chi prende in considerazione lo Shilajit per la cura dei capelli dovrebbe farlo con cautela e prendere in considerazione la possibilità di consultare un professionista della salute o della cura dei capelli per una consulenza personalizzata.

o **Usi dello Shilajit per le ulcere:**

Lo shilajit, una sostanza resinosa naturale proveniente dalle regioni montuose, è stato tradizionalmente utilizzato per i suoi potenziali benefici per la salute e ci sono alcune prove preliminari che suggeriscono il suo uso per affrontare alcuni problemi digestivi, tra cui l'ulcera. La composizione dello Shilajit comprende l'acido fulvico, noto per le sue proprietà antinfiammatorie e antiossidanti. Queste proprietà possono contribuire alla potenziale capacità della sostanza di aiutare a lenire e proteggere il rivestimento dello stomaco e dell'intestino. Inoltre, si ritiene che lo Shilajit abbia qualità adattogene, che aiutano l'organismo ad adattarsi ai fattori di stress, il che può essere utile nel contesto della guarigione dell'ulcera. Alcune pratiche di medicina tradizionale hanno utilizzato lo Shilajit per i suoi presunti effetti gastroprotettivi. Tuttavia, è fondamentale affrontare con cautela l'uso dello Shilajit per le ulcere e consultare un professionista della salute. L'ulcera è una condizione medica grave che può richiedere trattamenti medici specifici e affidarsi esclusivamente a rimedi naturali senza una guida professionale potrebbe non essere appropriato. Sono necessarie ricerche scientifiche più approfondite per stabilire l'efficacia e la sicurezza dello Shilajit nella gestione delle ulcere.

o **Energia e vitalità:**

Lo shilajit è tradizionalmente ritenuto un adattogeno, che aiuta l'organismo ad adattarsi allo stress e alla fatica. Viene utilizzato per aumentare i livelli di energia, combattere la stanchezza e promuovere la vitalità generale.

o **Uso dello shilajit per il diabete:**

Lo shilajit, un essudato resinoso presente nelle regioni montuose, è stato studiato per i suoi potenziali benefici nella gestione del diabete. Sebbene la ricerca sia ancora agli inizi, alcuni studi suggeriscono che lo shilajit possa avere effetti positivi sui parametri legati al diabete. Lo shilajit contiene acido fulvico, che si ritiene possa aumentare l'assorbimento del glucosio da parte delle cellule e migliorare la sensibilità all'insulina. Inoltre, può contribuire a regolare i livelli di zucchero nel sangue influenzando gli enzimi chiave coinvolti nel metabolismo del glucosio. Alcuni studi sugli animali hanno dato risultati promettenti, indicando che l'integrazione di shilajit può portare a una riduzione dei livelli di zucchero nel sangue. Tuttavia, sono necessari studi clinici più rigorosi su soggetti umani per confermare questi risultati e stabilire la sicurezza e l'efficacia dello shilajit come approccio complementare nella gestione del diabete. Le persone affette da diabete devono consultare il personale sanitario prima di integrare lo shilajit o qualsiasi altro integratore nel loro piano di trattamento.

o **Shilajit Ideale per i dolori ossei e articolari:**

Alcuni studi suggeriscono che lo shilajit può contribuire a ridurre l'infiammazione delle articolazioni, offrendo sollievo ai soggetti affetti da patologie come l'artrite. I minerali presenti nello shilajit, tra cui calcio e magnesio, sono essenziali per la salute delle ossa e possono contribuire a mantenerle forti e resistenti. Inoltre, l'acido fulvico contenuto nello shilajit può favorire l'assorbimento di questi minerali. Sebbene siano necessarie ulteriori ricerche, in particolare studi clinici sull'uomo, per stabilire i meccanismi specifici e l'efficacia dello shilajit per la salute delle ossa e delle articolazioni, le prove preliminari indicano il suo potenziale come integratore naturale da prendere in considerazione per coloro che cercano un supporto nella gestione dei disagi muscolo-scheletrici. Come per qualsiasi altro integratore, prima di integrare lo shilajit nella propria routine di benessere è necessario consultare il personale sanitario, soprattutto se si hanno condizioni mediche preesistenti o si assumono altri farmaci.

o **Ansiolitici e riduzione dello stress:**

Lo shilajit viene talvolta utilizzato per alleviare lo stress e l'ansia. Le sue proprietà adattogene possono contribuire a un senso di calma e benessere.

o **Salute delle ossa:**

Alcuni studi suggeriscono che lo Shilajit possa avere effetti positivi sulla salute delle ossa, influenzando potenzialmente la densità minerale ossea e la forza.

È fondamentale affrontare l'uso dello Shilajit con cautela e consultare un professionista della salute, soprattutto se si hanno condizioni di salute esistenti o si assumono farmaci. Inoltre, la qualità e l'autenticità dei prodotti a base di Shilajit possono variare, quindi è consigliabile rifornirsi da fonti affidabili.

o **In quanto tempo lo shilajit può aiutare a trattare l'acne?**

Al momento dell'ultimo aggiornamento delle mie conoscenze, nel gennaio 2022, non esistono prove scientifiche solide che consentano di stabilire in quanto tempo lo shilajit può aiutare a trattare l'acne. Lo shilajit è una sostanza naturale con presunti benefici per la salute, tra cui proprietà antiossidanti e antinfiammatorie, ma sono necessarie ulteriori ricerche per stabilire la sua efficacia nel trattamento dell'acne.

L'efficacia di qualsiasi trattamento dell'acne può variare notevolmente da persona a persona. Inoltre, fattori quali la gravità dell'acne, il tipo di pelle e l'aderenza al regime terapeutico possono influenzare la rapidità dei risultati.

Se si sta pensando di utilizzare lo shilajit per l'acne, è fondamentale affrontarlo con aspettative realistiche. È consigliabile consultare un professionista della salute o un dermatologo prima di iniziare qualsiasi nuovo trattamento dell'acne, compresi i rimedi naturali come lo shilajit. Essi possono fornire indicazioni in base alle condizioni specifiche della pelle e alla storia della salute.

Nel frattempo, i trattamenti tradizionali e consolidati contro l'acne, come i retinoidi topici, il perossido di benzoile e l'acido salicilico, dispongono di un numero maggiore di prove a sostegno della loro efficacia. Se siete alla ricerca di risultati più rapidi e comprovati, questi trattamenti potrebbero essere più adatti. Seguite sempre i consigli del vostro medico curante per il miglior approccio alla gestione dell'acne.

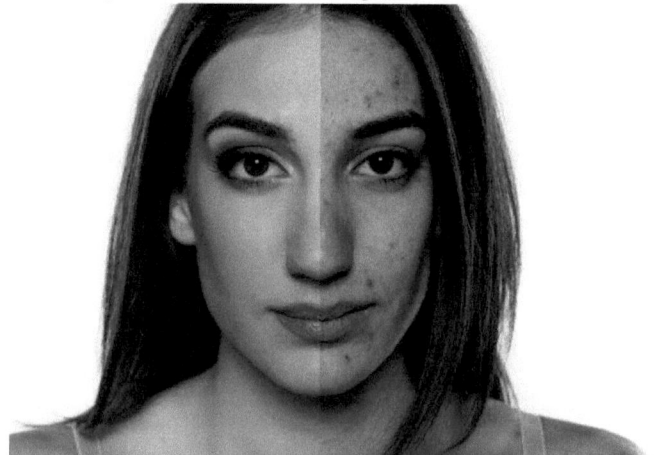

Figura n. 9: Questa immagine mostra lo Shilajit migliore per l'Acne

♦ Come utilizzare lo Shilajit?

L'uso dello Shilajit può variare a seconda delle preferenze individuali, della forma in cui viene ottenuto e dello scopo che si intende raggiungere. Lo Shilajit è disponibile in varie forme, tra cui resina, polvere, capsule e integratori. Ecco le linee guida generali per l'utilizzo dello Shilajit:

Resina pura:

- o Se si dispone di Shilajit in forma di resina, iniziare a spezzarne una piccola porzione. La resina di Shilajit è spesso appiccicosa e può essere sciolta in acqua calda o latte.
- o Mescolare la resina in un bicchiere di acqua calda o di latte finché non si scioglie. Il calore può rendere la resina più malleabile.

Figura n. 10: Questa immagine mostra la forma di resina pura di Shilajit.

Forma in polvere:
- o Se avete lo Shilajit in polvere, potete mescolarlo con acqua calda, latte o un frullato.
- o Iniziare con una piccola quantità (come consigliato sull'etichetta del prodotto) e aumentare gradualmente secondo le necessità.

Figura n. 11: Questa immagine mostra la forma in polvere dello Shilajit.

Capsule o integratori:
- o Seguire il dosaggio consigliato sull'etichetta del prodotto.

- o Assumere le capsule o gli integratori di Shilajit con acqua o una bevanda come indicato.

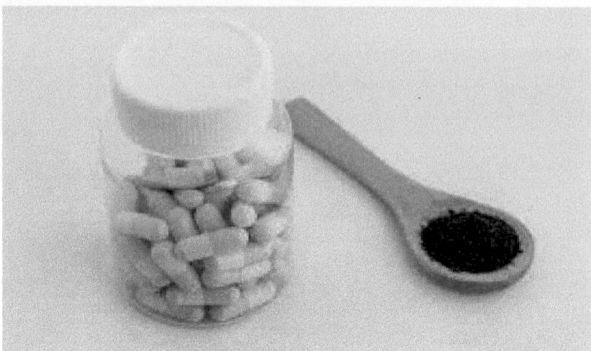

Figura n. 12: Questa immagine mostra la forma di Shilajit in capsule o integratori.

Applicazione topica:
- o Alcune persone usano lo Shilajit per via topica per le condizioni della pelle o per la salute dei capelli. A questo scopo, si può mescolare una piccola quantità di Shilajit con un olio vettore (come l'olio di cocco) e applicarlo sulla pelle o sui capelli.

Consultare un operatore sanitario:
- o Prima di integrare lo Shilajit nella vostra routine, soprattutto se avete condizioni di salute sottostanti o state assumendo farmaci, è consigliabile consultare un professionista della salute per un consiglio personalizzato.

La qualità è importante:
- o Assicuratevi di rifornirvi di Shilajit da fornitori affidabili per garantire qualità e autenticità. Lo Shilajit autentico proviene da regioni montuose e viene lavorato in modo responsabile.

La coerenza è fondamentale:
- o Se si utilizza lo Shilajit per obiettivi specifici di salute, spesso si sottolinea la costanza nell'uso. Potrebbe essere necessario del tempo prima che i potenziali benefici diventino evidenti.

Tempi:
- o Alcune persone preferiscono assumere lo Shilajit al mattino o durante i pasti, ma l'orario può variare in base alle preferenze personali.

Ricordate che, sebbene lo Shilajit abbia una lunga storia di uso tradizionale e alcune promettenti ricerche preliminari, è importante avvicinarsi al suo uso con cautela. In caso di dubbi o domande, si consiglia di consultare un professionista della salute per assicurarsi che lo Shilajit sia adatto alle proprie esigenze e circostanze individuali.

Figura n. 13: Questa immagine mostra l'estratto di Shilajit fresco e puro.

♦ **Proprietà medicinali dello Shilajit:**

Qualità primarie	Qualità secondarie
• Afrodisiaco • Spermatogeno • Alterativa • Agente ringiovanente • Antinfiammatorio • Antipiretico • Anti-obesità • Tonico nervino • Ansiolitico • Antilitico • Antidiabetico • Diuretico • Antiperlipidemico • Cardioprotettivo	• Bio-detergente • Antisettico • Anodino • Antipasto • Stimolante della digestione • Carminativo • Lassativo leggero • Antielmintico • Disintossicante del sangue

♦ **Importanza delle Shilajit**

Lo Shilajit è una sostanza naturale con una ricca storia di uso tradizionale, in particolare nella medicina ayurvedica. Estratto dalle rocce delle regioni montuose, lo Shilajit è apprezzato per la sua vasta gamma di minerali, acidi fulvici e composti bioattivi. Le sue proprietà adattogene, tradizionalmente ritenute in grado di migliorare la capacità dell'organismo di adattarsi allo stress, lo rendono un componente prezioso nelle pratiche di benessere olistico. I potenziali benefici dello Shilajit riguardano vari aspetti della

33

salute, tra cui l'energia e la vitalità, la funzione cognitiva e il supporto del sistema immunitario. Ricco di antiossidanti, si ritiene che combatta lo stress ossidativo e contribuisca agli effetti anti-invecchiamento. L'uso dello Shilajit non si limita alla salute interna; è stato anche applicato a livello topico per la cura della pelle e dei capelli. Mentre la ricerca scientifica è in corso per chiarirne i meccanismi e l'efficacia, lo Shilajit continua a catturare l'attenzione come integratore naturale dalle potenziali proprietà benefiche per la salute. Come per qualsiasi altro integratore, il suo uso deve essere affrontato con consapevolezza e si consiglia di consultare i professionisti della salute per una guida personalizzata. L'importanza di procurarsi Shilajit autentico e di alta qualità non può essere sopravvalutata per garantirne l'efficacia e la sicurezza.

Shilajit: Effetti collaterali e innocuità

◆ Effetti collaterali dello Shilajit:

Lo Shilajit è generalmente considerato sicuro per la maggior parte delle persone se usato con moderazione e se acquistato da fornitori affidabili. Sebbene lo Shilajit sia generalmente considerato sicuro per la maggior parte delle persone se usato con moderazione, è importante essere consapevoli dei potenziali effetti collaterali e delle considerazioni da fare. Tenete presente che la risposta individuale agli integratori può variare e che anche la qualità dei prodotti a base di Shilajit può influire sulla sicurezza. Ecco alcuni potenziali effetti collaterali e considerazioni associate allo Shilajit:

- **Innocuo e ben tollerato:**

Lo shilajit ha una lunga storia di utilizzo tradizionale, in particolare nella medicina ayurvedica, dove è considerato una sostanza naturale con potenziali benefici per la salute.

- **Contenuto minerale:**

Lo shilajit contiene diversi minerali e acido fulvico, generalmente considerati essenziali per la salute. Questi componenti contribuiscono al suo profilo nutrizionale.

- **Proprietà antiossidanti:**

L'acido fulvico contenuto nello Shilajit ha effetti antiossidanti, che possono aiutare a combattere lo stress ossidativo nell'organismo.

- **Proprietà adattogene:**

Lo shilajit è classificato come adattogeno e molti lo usano per la sua presunta capacità di aiutare l'organismo ad adattarsi ai fattori di stress.

- **Qualità e purezza:**

La qualità e l'autenticità dei prodotti a base di Shilajit possono variare. È fondamentale rifornirsi di Shilajit da fornitori affidabili per garantire la purezza ed evitare potenziali contaminanti.

- **Metalli pesanti:**

A seconda della fonte, lo Shilajit può contenere tracce di metalli pesanti. Il consumo regolare di Shilajit con alti livelli di metalli pesanti potrebbe essere dannoso. Pertanto, è essenziale scegliere prodotti di alta qualità con rigorose misure di controllo della qualità.

- **Sensibilità individuale:**

Sebbene molte persone tollerino bene lo Shilajit, la sensibilità alle sostanze naturali può variare. Alcune persone possono accusare disturbi gastrointestinali o reazioni allergiche.

- **Interazione con i farmaci:**

Lo shilajit può interagire con alcuni farmaci. I soggetti che assumono farmaci dovrebbero consultare un professionista sanitario prima di integrare lo Shilajit nella loro routine.

- **Gravidanza e allattamento:**

Le persone in gravidanza e in allattamento devono usare cautela e consultare i fornitori di assistenza sanitaria prima di usare lo Shilajit, a causa dei limitati dati sulla sicurezza in queste popolazioni.

- **Disturbi gastrointestinali:**

Alcuni individui possono accusare disturbi gastrointestinali, come mal di stomaco, diarrea o nausea, soprattutto quando assumono Shilajit in quantità elevate. Iniziare con una piccola dose e aumentare gradualmente può aiutare a minimizzare questi effetti.

- **Reazioni allergiche:**

Sebbene rare, sono state segnalate reazioni allergiche allo Shilajit. In caso di sintomi quali prurito, eruzione cutanea, gonfiore o difficoltà respiratorie, interrompere l'assunzione e consultare un medico.

- **Interazione con i farmaci:**

Lo shilajit può interagire con alcuni farmaci. Può potenzialmente potenziare gli effetti dei farmaci, con conseguente aumento del rischio di effetti collaterali. I soggetti che assumono farmaci devono consultare un operatore sanitario prima di utilizzare lo Shilajit.

- **Contaminazione da metalli pesanti:**

A seconda della fonte e dei metodi di lavorazione, lo Shilajit può contenere tracce di metalli pesanti. Un consumo prolungato di Shilajit con alti livelli di metalli pesanti potrebbe essere dannoso. La scelta di prodotti di alta qualità provenienti da fornitori affidabili è fondamentale per ridurre al minimo questo rischio.

- **Condizioni autoimmuni:**

Lo shilajit può avere effetti immunostimolanti. I soggetti affetti da patologie autoimmuni dovrebbero utilizzare lo Shilajit con cautela, poiché potrebbe potenzialmente esacerbare le risposte immunitarie. Le persone affette da patologie autoimmuni dovrebbero usare lo Shilajit con cautela, poiché potrebbe stimolare il sistema immunitario.

- **Gravidanza e allattamento:**

Sono disponibili dati limitati sulla sicurezza dell'uso di Shilajit durante la gravidanza e l'allattamento. Le persone in gravidanza e in allattamento devono essere caute e consultare il personale sanitario prima di usare lo Shilajit.

È essenziale affrontare l'uso dello Shilajit con cautela, soprattutto se si hanno condizioni di salute sottostanti o si stanno assumendo farmaci. Prima di integrare lo Shilajit nella vostra routine, è consigliabile consultare un professionista della salute per un consiglio personalizzato. Inoltre, la scelta di prodotti Shilajit di alta qualità provenienti da fornitori affidabili può contribuire a garantire sicurezza ed efficacia. Al momento dell'ultimo aggiornamento delle mie conoscenze, nel gennaio 2022, le ricerche in corso potrebbero fornire ulteriori informazioni sul profilo di sicurezza dello Shilajit.

- ◆ **Precauzioni da prendere con lo Shilajit:**

Sebbene lo Shilajit sia generalmente considerato sicuro per la maggior parte delle persone se usato in modo responsabile, ci sono alcune precauzioni da tenere a mente per garantirne un uso sicuro ed efficace:

- **Consultare un operatore sanitario:**

Prima di integrare lo Shilajit nella vostra routine, soprattutto se avete condizioni di salute esistenti o se state assumendo farmaci, è fondamentale consultare un professionista della salute. Questo è particolarmente importante per i soggetti in gravidanza o in fase di allattamento e per quelli affetti da patologie autoimmuni.

- **Iniziare con piccole dosi:**

Se siete alle prime armi con lo Shilajit, iniziate con una piccola dose e osservate come risponde il vostro corpo. In questo modo è possibile valutare la propria tolleranza e ridurre al minimo il rischio di potenziali effetti collaterali.

- **Scegliete prodotti di alta qualità:**

Scegliete prodotti Shilajit di fornitori affidabili che si attengono a misure di controllo della qualità. Ciò contribuisce a garantire la purezza del prodotto e a ridurre al minimo il rischio di contaminanti, come i metalli pesanti.

- **Attenzione ai metalli pesanti:**

Lo Shilajit può contenere tracce di metalli pesanti a seconda della fonte. Un consumo prolungato di Shilajit con alti livelli di metalli pesanti potrebbe essere dannoso. Assicuratevi che il prodotto scelto sia sottoposto a test rigorosi per verificare il contenuto di metalli pesanti.

- **Monitorare le reazioni allergiche:**

Sebbene rare, sono state segnalate reazioni allergiche allo Shilajit. In caso di sintomi quali prurito, eruzione cutanea, gonfiore o difficoltà respiratorie, interrompere l'assunzione e consultare un medico.

- **Attenzione ai disturbi gastrointestinali:**

Alcuni soggetti possono manifestare disturbi gastrointestinali, come mal di stomaco, diarrea o nausea. Se si verificano questi sintomi, ridurre il dosaggio o interrompere l'uso.

- **Considerare l'interazione con i farmaci:**

Lo shilajit può interagire con alcuni farmaci. Se si stanno assumendo farmaci, soprattutto per patologie croniche, prima di utilizzare lo Shilajit è bene consultare il proprio medico curante per evitare potenziali interazioni.

- **Evitare il consumo eccessivo:**

Sebbene lo Shilajit sia considerato sicuro con moderazione, un consumo eccessivo può provocare effetti negativi. Seguire il dosaggio consigliato dal prodotto o dal proprio medico curante.

- **Attenzione alla fonte e all'elaborazione:**

Prestate attenzione alla fonte e ai metodi di lavorazione dei prodotti a base di Shilajit. Lo Shilajit autentico proviene da regioni montuose ed è sottoposto a una lavorazione responsabile.

- **Educare se stessi:**

Informatevi sui potenziali benefici ed effetti collaterali dello Shilajit. La conoscenza vi consente di prendere decisioni consapevoli sul suo utilizzo.

Adottando queste precauzioni e affrontando l'uso dello Shilajit con consapevolezza, è possibile massimizzare i potenziali benefici riducendo al minimo il rischio di effetti avversi. Date sempre la priorità alla vostra salute e al vostro benessere e consultate un professionista della salute se avete dubbi o domande.

♦ Microbioma dello Shilajit:

Il microbioma dello Shilajit si riferisce alla comunità di microrganismi che possono essere presenti in questa sostanza naturale. Lo Shilajit è un materiale resinoso complesso che si forma nelle regioni montuose nel corso di secoli, grazie alla decomposizione di materia vegetale e microbica. Il microbioma dello Shilajit può includere vari batteri, funghi e altri microrganismi che contribuiscono alla sua formazione e alle sue caratteristiche.

La composizione microbica specifica dello Shilajit può variare a seconda di fattori quali la posizione geografica di provenienza, i tipi di piante e di materia organica presenti e le condizioni ambientali durante la sua formazione. La ricerca sul microbioma dello Shilajit è limitata e la diversità e il ruolo dei microrganismi nello Shilajit non sono studiati in modo così approfondito come le comunità microbiche in altri ambienti come il suolo o l'intestino umano.

Tuttavia, è noto che l'attività microbica svolge un ruolo nella decomposizione del materiale vegetale e nella trasformazione dei composti organici nella complessa miscela che caratterizza lo Shilajit. Inoltre, il microbioma dello Shilajit può contribuire ad alcuni componenti bioattivi e processi metabolici all'interno della sostanza.

È importante notare che l'attenzione principale delle indagini scientifiche relative allo Shilajit ruota spesso intorno alla sua composizione chimica, al contenuto di minerali e ai potenziali composti bioattivi, piuttosto che a un'analisi approfondita delle sue comunità microbiche. Sono necessarie ulteriori ricerche per esplorare in modo completo la diversità microbica e le funzioni dello Shilajit.

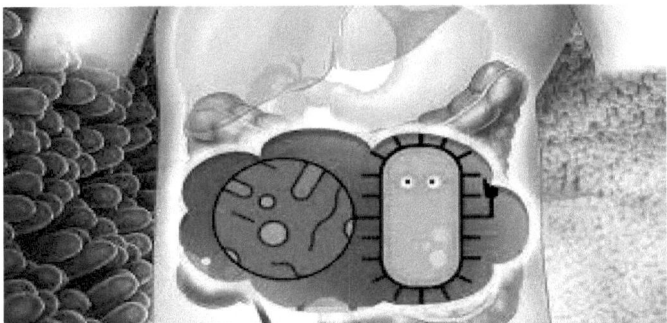

Figura n. 14: Questa immagine mostra il microbioma dello Shilajit

♦ Attività antimicrobica dello Shilajit:

- Attività antibatterica dello Shilajit

- Attività antivirale dello Shilajit
- Attività antifungina dello Shilajit
- Attività anticancerogena dello Shilajit

• Attività antibatterica dello Shilajit:

Le ricerche suggeriscono che lo Shilajit può avere effetti antibatterici contro vari ceppi di batteri. Le proprietà antibatteriche dello Shilajit sono attribuite alla sua complessa composizione, che comprende acido fulvico, acido umico e altri composti bioattivi. Ecco alcuni punti chiave relativi agli effetti antibatterici dello Shilajit:

o Acido fulvico:

L'acido fulvico, uno dei principali componenti dello Shilajit, è stato studiato per le sue proprietà antibatteriche. Si ritiene che possa disgregare le membrane cellulari batteriche e inibire la crescita e la replicazione di alcuni batteri.

o Acido umico:

Anche l'acido umico, un altro componente presente nello Shilajit, ha dimostrato un'attività antibatterica in alcuni studi. Può interferire con le funzioni delle cellule batteriche e contribuire agli effetti antibatterici complessivi dello Shilajit.

o Ioni metallici:

Lo shilajit contiene diversi minerali, alcuni dei quali possono avere un ruolo nei suoi effetti antibatterici. Gli ioni metallici come il rame e lo zinco, presenti nello Shilajit, hanno note proprietà antibatteriche e possono influenzare la crescita batterica.

o Attività ad ampio spettro:

Gli studi hanno indicato che lo Shilajit presenta un'attività antibatterica contro una serie di batteri, compresi i ceppi Gram-positivi e Gram-negativi. Questa attività ad ampio spettro è promettente per potenziali applicazioni terapeutiche.

o Effetti sinergici:

La combinazione di diversi composti bioattivi nello Shilajit può portare a effetti sinergici, potenziando la sua attività antibatterica complessiva.

È importante notare che, sebbene la ricerca suggerisca proprietà antibatteriche, i meccanismi specifici con cui lo Shilajit agisce contro i batteri e la portata della sua efficacia sono ancora oggetto di indagine. Inoltre, la concentrazione e la purezza dello Shilajit, così come gli specifici ceppi batterici testati, possono influenzare i risultati degli studi.

Come per ogni rimedio naturale, è fondamentale affrontare l'uso dello Shilajit con cautela. Se si prende in considerazione l'uso dello Shilajit a scopo antibatterico, è consigliabile consultare il personale sanitario, soprattutto per gli individui con condizioni di salute specifiche o che assumono farmaci. Sono necessarie ulteriori ricerche, compresi gli studi clinici, per comprendere meglio il potenziale antibatterico dello Shilajit e le sue applicazioni in vari contesti.

- **Attività antivirale dello Shilajit:**

Le ricerche sull'attività antivirale dello Shilajit sono limitate e, sebbene vi siano prove che suggeriscono potenziali proprietà antivirali, sono necessari ulteriori studi per stabilirne l'efficacia e i meccanismi d'azione contro virus specifici. La complessa composizione dello Shilajit, che comprende acido fulvico, acido umico, minerali e altri composti bioattivi, ha indotto i ricercatori a studiare il suo potenziale antivirale. Ecco alcuni punti chiave riguardanti lo Shilajit e la sua potenziale attività antivirale:

- **Acido fulvico:**

L'acido fulvico, uno dei principali componenti dello Shilajit, è stato studiato per le sue proprietà antivirali. L'acido fulvico può interferire con il ciclo di replicazione dei virus e inibire la loro capacità di infettare le cellule ospiti.

- **Modulazione immunitaria:**

Alcuni studi suggeriscono che lo Shilajit possa avere effetti immuno-modulanti. Un sistema immunitario ben funzionante è fondamentale per combattere le infezioni virali. La potenziale influenza dello Shilajit sul sistema immunitario potrebbe contribuire all'attività antivirale.

- **Effetti antiossidanti:**

Le proprietà antiossidanti dello shilajit possono svolgere un ruolo nella protezione delle cellule dallo stress ossidativo indotto dalle infezioni virali. Lo stress ossidativo è spesso associato alla replicazione e alla patogenesi virale.

- **Ioni metallici:**

Il contenuto di minerali dello Shilajit, tra cui rame e zinco, può contribuire ai suoi effetti antivirali. Alcuni ioni metallici hanno note proprietà antivirali.

- **Effetti sinergici:**

La combinazione di vari composti bioattivi dello Shilajit può portare a effetti sinergici, potenzialmente potenziando la sua attività antivirale.

È fondamentale sottolineare che le ricerche disponibili sono preliminari e che gli effetti antivirali specifici dello Shilajit contro particolari virus devono essere ulteriormente approfonditi. Inoltre, l'attività antivirale dello Shilajit può variare a seconda della fonte e della qualità.

Sebbene lo Shilajit si dimostri promettente, non deve essere considerato un sostituto di farmaci antivirali o vaccini consolidati. Se siete preoccupati per le infezioni virali o siete alla ricerca di interventi antivirali, è consigliabile consultare professionisti del settore sanitario in grado di fornire indicazioni e raccomandazioni basate su prove di efficacia e personalizzate per le vostre specifiche esigenze di salute.

- **Attività antifungina dello Shilajit:**

Lo Shilajit è stato studiato per la sua potenziale attività antifungina e alcuni studi suggeriscono che possa avere effetti inibitori nei confronti di vari funghi. La complessa composizione dello Shilajit, che comprende acido fulvico, acido umico e altri composti bioattivi, contribuisce alle sue proprietà antimicrobiche, compresa l'attività antifungina. Ecco alcuni punti chiave del potenziale antifungino dello Shilajit:

o **Acido fulvico:**

L'acido fulvico, uno dei principali componenti dello Shilajit, è stato studiato per le sue proprietà antimicotiche. Può alterare la struttura e la funzione delle mesbrane cellulari fungine, inibendo la crescita e la sopravvivenza di alcuni funghi.

o **Acido umico:**

L'acido husico, un altro componente presente nello Shilajit, è stato studiato per la sua attività antifungina. Può interferire con i processi metabolici dei funghi, provocando effetti inibitori.

o **Ioni metallici:**

Lo shilajit contiene diversi minerali, alcuni dei quali possono contribuire ai suoi effetti antifungini. Gli ioni metallici, come il rame e lo zinco, sono noti per le loro proprietà antimicotiche e possono bloccare la crescita dei funghi.

o **Effetti sinergici:**

La combinazione di diversi composti bioattivi dello Shilajit può produrre effetti sinergici, potenziando la sua attività antifungina complessiva.

Alcuni studi hanno esplorato l'efficacia dello Shilajit contro vari ceppi fungini, compresi quelli responsabili di infezioni comuni. Tuttavia, i meccanismi specifici con cui lo Shilajit esercita i suoi effetti antifungini non sono del tutto noti e sono necessarie ulteriori ricerche per determinare la sua efficacia contro diversi funghi.

È importante notare che, sebbene lo Shilajit possa essere promettente come agente antifungino naturale, il suo utilizzo a questo scopo deve essere affrontato con cautela. Se si ha a che fare con un'infezione fungina o con altri problemi di salute, è consigliabile rivolgersi a professionisti del settore sanitario per una diagnosi e un trattamento appropriati. Inoltre, la qualità e l'autenticità del prodotto Shilajit devono essere considerate per garantirne l'efficacia e la sicurezza.

Tabella Questa tabella mostra i diversi batteri presenti nello shilajit.

Batteri Gram positivi
<ul><li>S. aureus</li><li>S. saprophyticus</li><li>S. pneumoniae</li><li>B. Substilis</li></ul>
Batteri Gram negativi
<ul><li>Salmonella Para typhi</li><li>Shigella dysenterae</li><li>E. coli</li><li>Klebsiella</li><li>Acinetobacter</li><li>Citrobacter</li><li>Salmonella typhi</li></ul>

• Klebsiella oxytoca
• Fluorescenza
Lievito
• Candida albicans

• Attività anticancro dello Shilajit:

La ricerca sulla potenziale attività antitumorale dello Shilajit è un'area di indagine in corso e c'è un interesse crescente nel comprendere gli effetti dello Shilajit sulle cellule tumorali. Tuttavia, è fondamentale notare che, sebbene alcuni studi suggeriscano alcune proprietà antitumorali, sono necessarie ricerche più approfondite, compresi studi clinici, per stabilirne l'efficacia e la sicurezza nella gestione del cancro. Ecco alcuni punti chiave relativi alla potenziale attività antitumorale dello Shilajit:

o Effetti antiossidanti:

Lo shilajit è ricco di antiossidanti, tra cui l'acido fulvico, che può aiutare a combattere lo stress ossidativo. Lo stress ossidativo è implicato nello sviluppo e nella progressione del cancro e si ritiene che gli antiossidanti proteggano le cellule da questo stress.

o Proprietà antinfiammatorie:

L'infiammazione è associata allo sviluppo del cancro e lo Shilajit è stato studiato per i suoi potenziali effetti antinfiammatori. Modulando le risposte infiammatorie, lo Shilajit può contribuire alla prevenzione o al trattamento del cancro.

o Modulazione del sistema immunitario:

Alcuni studi suggeriscono che lo Shilajit possa avere effetti immuno-modulanti. Un sistema immunitario ben funzionante è fondamentale per riconoscere ed eliminare le cellule anomale, comprese quelle tumorali.

o Induzione dell'apoptosi:

L'apoptosi, o morte cellulare programmata, è un processo naturale che elimina le cellule danneggiate o anormali. Alcune ricerche hanno esaminato se lo Shilajit possa indurre l'apoptosi nelle cellule tumorali, contribuendo alla loro eliminazione.

o Inibizione della proliferazione cellulare:

Lo shilajit è stato studiato per il suo potenziale di inibizione della proliferazione delle cellule tumorali, impedendone la crescita e la divisione incontrollate.

o Contenuto di ioni metallici:

Lo shilajit contiene diversi minerali e alcuni studi suggeriscono che alcuni ioni metallici possano avere un ruolo nei suoi effetti antitumorali.

È importante sottolineare che, sebbene gli studi preliminari siano promettenti, sono necessarie ricerche più rigorose, in particolare studi clinici sull'uomo, per confermare il potenziale antitumorale dello Shilajit e determinare i suoi specifici meccanismi d'azione. Inoltre, le risposte individuali allo Shilajit possono variare e non deve essere utilizzato come sostituto dei trattamenti antitumorali convenzionali.

Se voi o qualcuno che conoscete ha a che fare con il cancro, è fondamentale consultare oncologi e professionisti del settore sanitario per ottenere opzioni di trattamento basate su dati concreti e consigli personalizzati. Qualsiasi uso dello Shilajit come terapia complementare o alternativa deve essere fatto sotto la guida di un operatore sanitario.

Prospettive future di Shilajit

♦ **Prospettive future dello Shilajit:**

Le prospettive future dello Shilajit prevedono un'ulteriore esplorazione dei suoi potenziali benefici per la salute, una continua ricerca scientifica e la sua integrazione nelle pratiche sanitarie tradizionali.

Ecco alcune potenziali prospettive future per lo Shilajit:

- **Ricerca e sperimentazione clinica:**

Ricerche e studi clinici continui ed estesi sono essenziali per comprendere meglio gli effetti specifici sulla salute e i meccanismi d'azione dello Shilajit. Studi ben progettati, compresi studi controllati e randomizzati, possono fornire prove più conclusive sulla sua efficacia per varie condizioni di salute.

- **Identificazione dei composti attivi:**

La ricerca volta a identificare e isolare gli specifici composti bioattivi responsabili degli effetti dello Shilajit può contribuire allo sviluppo di terapie e formulazioni mirate.

- **Standardizzazione e controllo di qualità:**

È fondamentale stabilire metodi standardizzati per l'estrazione, la lavorazione e il controllo di qualità dei prodotti a base di Shilajit. Ciò garantisce la coerenza della qualità del prodotto e consente confronti affidabili tra gli studi.

- **Integrazione nella medicina tradizionale:**

A seconda dei risultati di una ricerca rigorosa, esiste un potenziale per l'integrazione dello Shilajit nelle pratiche mediche tradizionali, sia come agente terapeutico a sé stante sia come approccio complementare in determinate condizioni di salute.

- **Nutraceutici e alimenti funzionali:**

Lo Shilajit potrebbe trovare spazio nello sviluppo di nutraceutici e alimenti funzionali. I prodotti arricchiti con Shilajit potrebbero essere progettati per fornire benefici mirati per la salute.

- **Applicazioni farmaceutiche:**

Se i composti bioattivi specifici dello Shilajit vengono identificati e convalidati, possono servire come base per lo sviluppo di farmaci mirati a specifiche condizioni di salute.

- **Sensibilizzazione ed educazione dei consumatori:**

È essenziale sensibilizzare ed educare i consumatori sui potenziali benefici e sull'uso appropriato dello Shilajit. Ciò include la fornitura di informazioni sull'approvvigionamento, la qualità e le considerazioni sulla sicurezza.

- **Espansione del mercato globale:**

Con l'aumentare delle conoscenze scientifiche, il mercato globale dei prodotti a base di Shilajit potrebbe espandersi, raggiungendo un pubblico più ampio alla ricerca di rimedi naturali e tradizionali.

- **Integratori alimentari:**

Lo shilajit può diventare un ingrediente chiave nello sviluppo di nutraceutici e integratori alimentari volti a fornire benefici olistici per la salute. Le formulazioni possono essere mirate a specifici problemi di salute, con lo Shilajit che svolge un ruolo centrale.

- **Quadri normativi:**

Lo sviluppo di quadri normativi e standard chiari per i prodotti a base di Shilajit può garantire la sicurezza dei consumatori e facilitare una commercializzazione e una distribuzione responsabili.

- **Collaborazione con i sistemi di medicina tradizionale:**

La collaborazione tra i sistemi di medicina tradizionale, come l'Ayurveda, e le pratiche sanitarie moderne può contribuire a una comprensione più completa degli usi tradizionali e delle potenziali applicazioni terapeutiche dello Shilajit.

Sebbene lo Shilajit abbia una lunga storia di uso tradizionale, le sue prospettive future dipenderanno da una solida validazione scientifica, da considerazioni normative e da pratiche di mercato responsabili. La ricerca continua e la collaborazione tra le conoscenze tradizionali e la scienza moderna saranno la chiave per sbloccare il pieno potenziale dello Shilajit.

Riferimenti

- Wilson, Eugene; Rajamanickam, G. Victor; Dubey, G. Prasad; Klose, Petra; Musial, Frauke; Saha, F. Joyonto; Rampp, Thomas; Michalsen, Andreas; Dobos, Gustav J. (2011-06-14). "Rassegna sullo shilajit utilizzato nella medicina tradizionale indiana". Journal of Ethnopharmacology. **136** (1): 1–9. doi:10.1016/j.jep.2011.04.033. ISSN 1872-7573. PMID 21530631.
- Vai a: [a] [b] "MUMIYO - Grande enciclopedia russa - versione elettronica". bigenc.ru. Recuperato il 2022-08-01.
- Hill, Carol A.; Forti, Paolo (1997). Minerali di grotta del mondo. Società Speleologica Nazionale. ISBN 978-1-879961-07-4. [pagina necessaria]
- ^ Rahmani Barouji, Solmaz; Saber, Amir; Torbati, Mohammadali; Fazljou, Seyyed Mohammad Bagher; Yari Khosroushahi, Ahmad (2020). "Effetti benefici per la salute della Moomiaii nella medicina tradizionale". Galen Medical Journal. **9**: e1743. doi:10.31661/gmj.v9i0.1743. ISSN 2322-2379. PMC 8343599. PMID 34466583.
- ^ Winston, David; Maimes, Steven (2007-03-22). "Parte seconda: Materia medica. 7. Monografie sugli adattogeni. Shilajit". Adaptogens: Herbs for Strength, Stamina, and Stress Relief. Inner Traditions / Bear & Co. p. 129. ISBN 978-1-59477-158-3.
- ^ Kloskowski, T.; Szeliski, K.; Krzeszowiak, K.; Fekner, Z.; Kazimierski, Ł; Jundziłł, A.; Drewa, T.; Pokrywczyńska, M. (2021-11-19). "Il Mumio (Shilajit) come potenziale chemioterapico per il trattamento del cancro della vescica urinaria". Rapporti scientifici. **11** (1): 22614. Bibcode:2021NatSR..1122614K. doi:10.1038/s41598-021-01996-8. ISSN 2045-2322. PMC 8604984. PMID 34799663.
- Govindarajan R, Vijayakumar M, Pushpangadan P.J Ethnopharmacol. 2005 Jun 3;99(2):165-78. doi: 10.1016/j.jep.2005.02.035. Pubblicato il 26 aprile 2005.PMID: 15894123
- Cornejo A, Jiménez JM, Caballero L, Melo F, Maccioni RB. L'acido fulvico inibisce l'aggregazione e promuove il disassemblaggio delle fibrille di tau associate alla malattia di Alzheimer. *Journal of Alzheimer's Disease.* 2011;27(1):143-153.
- Ghosal S. Chimica dello *shilajit*, un rasayan ayurvedico immunomodulante. *Chimica pura e applicata.* 1990;62(7):1285–1288.
- N. Chopra R, C. Chopra I, L. Handa K, D. Kapoor K. *In Indigenous Drugs of India.* Calcutta, India: U.N. Dhar & Sons; 1958.
- Agarwal SP, Khanna R, Karmarkar R, Anwer MK, Khar RK. *Shilajit:* una rassegna. *Phytotherapy Research.* 2007;21(5):401-405.
- Ghosal S, Reddy JP, Lal VK. *Shilajit* I: costituenti chimici. *Journal of Pharmaceutical Sciences.* 1976;65(5):772-773.
- Khanna R, Witt M, Khalid Anwer M, Agarwal SP, Koch BP. Caratterizzazione spettroscopica degli acidi fulvici estratti dall'essudato di roccia *shilajit.* *Geochimica organica.* 2008;39(12):1719–1724.

- Mittal P, Kaushik D, Gupta V, Bansal P, Khokra S. Potenziale terapeutico di "Shilajit Rasayana" - Una revisione. *International Journal of Pharmaceutical and Clinical Research.* 2009;1(2):47-49.

- M. S. Islam K, Schumacher A, M. Gropp J. Sostanze a base di acido umico nell'agricoltura animale. *Pakistan Journal of Nutrition.* 2005;4:126-134.

- Vucskits AV, Hullár I, Bersényi A, Andrásofszky E, Kulcsár M, Szabó J. Effetto degli acidi fulvici e umici sulla performance, sulla risposta immunitaria e sulla funzione tiroidea nei ratti. *Journal of Animal Physiology and Animal Nutrition.* 2010;94(6):721-728.

- Schepetkin IA, Xie G, Jutila MA, Quinn MT. Attività di fissazione del complemento dell'acido fulvico da *shilajit* e altre fonti naturali. *Phytotherapy Research.* 2009;23(3):373-384.1

- Kong YC, But PPH, Ng KH, et al. Studi chimici su una *panacea-shilajit* nepalese (I) *International Journal of Crude Drug Research.* 1987;25(3):179-182.

- Ghosal S, Lal J, Singh SK, Goel RK, Jaiwal AK, Bhattacharya SK. La necessità di formulare lo *shilajit* con i suoi costituenti attivi isolati. *Phytotherapy Research.* 1991;5(5):211-216.

- Ghosal S, Mukherjee B, K. Bhattacharya S. *Shilajit: uno* studio comparativo delle scoperte scientifiche antiche e moderne. *Indian Journal of Indigenous Medicine.* 1995;17:1-10.

- Ghosal S, Singh SK, Kumar Y, et al. *Shilajit.* 3. Antiulcerogeni degli acidi fulvici e del 4-metossi-6-carbometossibifenile isolati dallo shilaji. *Phytotherapy Research.* 1988;2(4):187-191.

- Ghosal S, Lata S, Kumar Y, Gaur B, Misra N. Interazione dello *shilajit* con i radicali liberi biogeni. *Indian Journal of Chemistry B.* 1995;34:596-602.

- Bhattacharya SK, Sen AP. Effetti dello *shilajit* sui radicali liberi biogeni. *Phytotherapy Research.* 1995;9(1):56-59 .

- K. Jaiswal A, K. Bhattacharya S. Effetti dello *shilajit* sulla memoria, sull'ansia e sulle monoammine cerebrali nei ratti. *Indian Journal of Pharmacology.* 1992;24:12-17.

- Bhattacharya SK. Lo *shilajit* attenua il diabete mellito indotto dalla streptozotocina e la diminuzione dell'attività della superossido dismutasi delle isole pancreatiche nei ratti. *Phytotherapy Research.* 1995;9(1):41-44.

- Wang C, Wang Z, Peng A, Hou J, Xin W. Interazione tra acidi fulvici di diversa origine e radicali attivi dell'ossigeno. *Science in China, Series C.* 1996;39(3):267-275.

- Ghosal S, Lal J, Singh SK, et al. Effetti protettivi dei mastociti dello *shilajit* e dei suoi componenti. *Phytotherapy Research.* 1989;3(6):249-252.

- Acharya SB, Frotan MH, Goel RK, Tripathi SK, Das PK. Azioni farmacologiche dello *shilajit.* *Indian Journal of Experimental Biology.* 1988;26(10):775-777.

- Shalini, Srivastava R. Screening dell'attività antifungina e analisi hplc dell'estratto grezzo di Tectona grandis, *shilajit* e Valeriana wallachi. *Electronic Journal of Environmental, Agricultural and Food Chemistry.* 2009;8(4):218-229.

- Mirza MA, Agarwal SP, Rahman MA, et al. Ruolo dell'acido umico sulla somministrazione orale di un farmaco antiepilettico. *Drug Development and Industrial Pharmacy.* 2011;37(3):310-319.

- Meena H, K. Pandey H, C. Arya M, Ahmed Z. *Shilajit*: una panacea per i problemi di alta quota. *International Journal of Ayurveda Research.* 2010;1(1):37-40.

- Wilson E, Rajamanickam GV, Dubey GP, et al. Review on *shilajit* used in traditional Indian medicine. *Journal of Ethnopharmacology*. 2011;136(1):1-9.
- Pandit S, Biswas S, Jana U, De RK, Mukhopadhyay SC, Biswas TK. Valutazione clinica dello Shilajit purificato sui livelli di testosterone in volontari sani. Andrologia [Internet]. 2016 Jun 1 [citato 2022 Mar 23];48(5):570-5. Disponibile da: https://pubmed.ncbi.nlm.nih.gov/26395129/
- 2. Carrasco-Gallardo C, Guzmán L, MacCioni RB. Shilajit: Un fitocomplesso naturale con potenziale attività procognitiva. International Journal of Alzheimer's Disease [Internet]. 2012 [citato il 2022 Mar 23];2012. Disponibile da: https://pubmed.ncbi.nlm.nih.gov/22482077/
- 3. Meena H, Pandey HK, Arya MC, Ahmed Z. Shilajit: Una panacea per i problemi di alta quota. International Journal of Ayurveda Research [Internet]. 2010 [citato il 2022 Mar 23];1(1):37. Disponibile da: https://pubmed.ncbi.nlm.nih.gov/20532096/
- 4. Shilajit nella gestione dell'anemia da carenza di ferro [Internet]. [citato il 2022 Mar 23]. Disponibile da: https://www.researchgate.net/publication/288266508_Shilajit_in_management_of_iron_deficiency_anaemia
- 5. Keller JL, Housh TJ, Hill EC, Smith CM, Schmidt RJ, Johnson GO. Gli effetti dell'integrazione di Shilajit sulle diminuzioni della forza muscolare e dei livelli sierici di idrossiprolina indotte dalla fatica. Journal of the International Society of Sports Nutrition [Internet]. 2019 Feb 6 [citato il 2022 Mar 23];16(1). Disponibile da: https://pubmed.ncbi.nlm.nih.gov/30728074/
- 6. Joukar S, Najafipour H, Dabiri S, Sheibani M, Sharokhi N. Effetto cardioprotettivo del Mumie (Shilajit) sulla lesione miocardica indotta sperimentalmente. Tossicologia cardiovascolare 2014 14:3 [Internet]. 2014 Jan 22 [citato 2022 Mar 23];14(3):214-21.
- 7. Ghasemkhani N, Tabrizi AS, Namazi F, Nazifi S. Effetti terapeutici dello Shilajit sulle lesioni gastriche indotte dall'aspirina nei ratti. Physiological Reports [Internet]. 2021 Apr 1 [citato 2022 Mar 23];9(7). Disponibile da: https://pubmed.ncbi.nlm.nih.gov/33818003/
- 8. Lo shilajit è un farmaco unico dell'ayurveda [Internet]. [citato il 2022 Mar 23]. Disponibile da: https://www.researchgate.net/publication/276831443_SHILAJIT_AN_UNIQUE_DRUG_OF_AYURVEDA

- Ghosal S. Sistema di somministrazione di ingredienti farmaceutici, nutrizionali e cosmetici. Brevetto USA n. 6558712, 2003.
- 30. B. Maccioni R, Quiñones L, Saavedra I, Sandoval R. Composizione nutraceutica che comprende l'estratto di *shilajit*, l'acido folico, la vitamina B12 e la vitamina B6 e il suo utilizzo per prevenire e/o trattare le malattie neurodegenerative e/o il deterioramento cognitivo associato all'invecchiamento cerebrale. WO 2011/041920. PCT/CL2010/000043 14 aprile. 2011.
- 31. Saper RB, Phillips RS, Sehgal A, et al. Piombo, mercurio e arsenico nei farmaci ayurvedici di produzione statunitense e indiana venduti via internet. *Journal of the American Medical Association.* 2008;300(8):915-923.
- 32. Kales SN, Saper RB. Avvelenamento da piombo ayurvedico: un problema internazionale poco riconosciuto. *Indian Journal of Medical Sciences.* 2009;63(9):379-381.
- 33. Singh S, Mukherjee KK, Gill KD, Flora SJS. Neuropatia periferica indotta dal piombo in seguito all'assunzione di farmaci ayurvedici. *Indian Journal of Medical Sciences.* 2009;63(9):408-410.

- Kamboj, V. P. (2000). La medicina erboristica. *Current Science, 78*, 35-39.

- Agarwal, S. P., Khanna, R., Karmarkar, R., AnwerMd, Kh, & KharR, K. (2007). Shilajit: Una revisione. *Phytotherapy Research, 21*, 401-405.

- Wilson, E., Rajamanickam, G. V., Dubey, G. P., Klose, P., Musial, F., SahaF, J., et al. (2011). Rassegna sullo shilajit utilizzato nella medicina tradizionale indiana. *Journal of Ethnopharmacology, 136*, 1-9.

- Schepetkin, I., Khlebnikov, A., & Kwon, B. S. (2002). Farmaci dalla materia humus: Focus sulle mumie. *Drug Development Research, 57*, 140-159.

- Srivastava, R. S., Kumar, Y., Singh, S. K., & Ghosal, S. (1988). Shilajit, la sua fonte e i suoi principi attivi. In *Atti del 16° Congresso IUPAC (Chimica dei prodotti naturali).* Kyoto Giappone, pp. 524.

- Surapaneni, D. K., Adapa, S. R., Preeti, K., Teja, G. R., Veeraragavan, M., & Krishnamurthy, S. (2012). Lo shilajit attenua i sintomi comportamentali della sindrome da fatica cronica modulando l'asse ipotalamo-ipofisi-surrene e la bioenergetica mitocondriale nei ratti. *Journal of Ethnopharmacology, 143*, 91-99.

- Garedew, A., Feist, M., Schmolz, E., & Lamprecht, I. (2004). Analisi termica del mumiyo, il leggendario rimedio popolare della regione dell'Himalaya. *Thermochimica Acta, 417*(2), 301-309.

- Saqib, M., Kausar, S., & Akhtar, S. (2012). *Effetto dello Shilajit sul profilo lipidico di ratti albini iperlipidemici e confronto con la simvastatina.* http://pjmhsonline.com/AprJune2012. Accesso al 12 giugno 2013.

- Trivedi, N. A., Mazumdar, B., Bhatt, J. D., & Hemavathi, K. G. (2004). Effetto dello shilajit sulla glicemia e sul profilo lipidico in ratti diabetici indotti da alloxan. *Indian Journal Pharmacology, 36*, 373-376.

- Gaikwad, N. S., Panat, A. V., Deshpande, M. S., Ramya, K., Khalid, P. U., & Augustine, P. (2012). Effetto dello shilajit sul cuore di Daphnia: Uno studio preliminare. *Journal of Ayurveda and Integrative Medicine, 3*(1), 3-5.

- Frolova, L. N., Kiseleva, T. L., Kolkhir, V. K., Baginskaya, A. I., & Trumpe, T. E. (1998). Proprietà antitossiche dell'estratto secco standard di mumijo. *Pharmaceutical Chemistry Journal, 32*(4), 26-28.

- Velmurugan, C., Vivek, B., Wilson, E., Bharathi, T. e Sundaram, T. (2012). Valutazione del profilo di sicurezza dello shilajit nero dopo 91 giorni di somministrazione ripetuta nei ratti. *Asian Pacific Journal of Tropical Biomedicine, 2*(3), 210-214.

- Vivek, B., Wilson, E., Nithya Devi, S. V., Velmurugan, C., & Kannan, M. (2011). Attività cardioprotettiva dello shilajit nell'infarto miocardico indotto da isoproterenolo nei ratti: Una valutazione biochimica e istopatologica. *International Journal Research Photochemistry Pharmacology, 1*(1), 28-32.

- Rajadurai, M. e Stanely, M. P. (2007). Effetto preventivo della naringina su marcatori cardiaci, schemi elettrocardiografici e idrolasi lisosomiali in ratti Wistar normali e con infarto miocardico indotto da isoproterenolo. *Tossicologia, 230*, 178-188.

- Joukar, S., Bashiri, H., Dabiri, S., Ghotbi, P., Sarveazad, A., Divsalar, K., et al. (2012). Effetti cardiovascolari del tè nero e della nicotina, da soli o in combinazione, contro le lesioni cardiache sperimentali indotte. *Journal of Physiology and Biochemistry, 68*(2), 271-279.

- Joukar, S., Ghasemipour-Afshar, E., Sheibani, M., Naghsh, N., & Bashiri, A. (2013). Effetti protettivi dello zafferano (*Crocus sativus*) contro le aritmie ventricolari letali indotte dalla riperfusione cardiaca nel ratto: Un potenziale agente antiaritmico. *Biologia farmaceutica, 51*(7), 836-843.

- Joukar, S., Najafipour, H., Mirzaeipour, F., Nasri, H., Ahmadi, M. Y. H., & Badinloo, M. (2013). Effetto modulatore del semelil (angipars™) sul danno cardiaco indotto dall'isoproterenolo. *Experimental and Clinical Sciences Journal, 12*, 122-129.

- Lowry, O. H., Rosebrough, N. J., Farr, A. L., & Randall, R. J. (1951). Stima delle proteine con il reagente folina-fenolo. *The Journal of biological chemistry, 193*, 265-275.

- Ohkawa, H., Ohishi, N. e Yagi, K. (1979). Test della perossidazione lipidica nei tessuti animali mediante reazione con acido tiobarbiturico. *Biochimica analitica, 95*, 351-358.

- Joukar, S., Shahouzehi, B., Najafipour, H., Gholamhoseinian, A., & Joukar, F. (2012). Effetto migliorativo del tè nero sulla patogenesi cardiovascolare indotta dalla nicotina nel ratto. *Experimental and Clinical Sciences Journal, 11*, 309-317.

- O'Brien, P. J., Landt, Y. e Ladenson, J. H. (1997). Reattività differenziale del muscolo cardiaco e scheletrico di varie specie in un immunodosaggio della troponina I cardiaca. *Chimica clinica, 43*(12), 2333-2338.

- York, M., Scudamore, C., Brady, S., Chen, C., Wilson, S., Curtis, M., et al. (2007). Caratterizzazione delle risposte della troponina nel danno cardiaco indotto dall'isoproterenolo nel ratto Hanover Wistar. *Patologia tossicologica, 35*, 606-617.

- Rona, G., Chappel, C. I., Balazs, T. e Gaudry, R. (1959). Lesione miocardica di tipo infartuale e altre manifestazioni tossiche prodotte dall'isoproterenolo nel ratto. *Archives of Pathology and Laboratory Medicine, 67*, 443-455.

- Joukar, S., Sheibani, M. e Joukar, F. (2012). Effetto cardiovascolare della nifedipina nei ratti dipendenti dalla morfina: Prove emodinamiche, istopatologiche e biochimiche. *Croatian Medical Journal, 53*(4), 343-349.

- Joukar, S., Najafipour, H., Dabiri, S., Sheibani, V., Esmaeili-Mahani, S., Ghotbi, P., et al. (2011). L'effetto della co-somministrazione cronica di morfina e verapamil sul danno cardiaco indotto dall'isoproterenolo. *Cardiovascular and Hematological Agents in Medicinal Chemistry, 9*, 218-224.

- Guyton, A. C. e Hall, J. E. (2011). *Libro di testo di fisiologia medica* (12a ed., pag. 247). Pennsylvania: Saunders.

- Dash, B. (1991). *Materia medica dell'ayurveda*. Nuova Delhi: B Jain Publishers.

- Acharya SB, Fortan MH, Goel RK, Tripathi SK e Das PK. (1988). Azioni farmacologiche dello Shilajit. Indian Journal of Experimental Biology, 26: 775-777.
- Agarwal SP, Khanna R, Karmarkar, Anwer MK, Khar RK. (2007). Shilajit: A Review. Phytother Res., 21(5):401-405.
- Alberto Cornejo, José M. Jiménez, Leonardo Caballero, Francisco Melo, Ricardo B. Maccioni (2011) Fulvic Acid Inhibits Aggregation and Promotes Disassembly of Tau Fibrils Associated with Alzheimer's Disease Journal of Alzheimer's Disease 27:143-153. DOI 10.3233/JAD-2011- 110623.
- Betoni, JEC, Mantovani RPP, Barbosa LN, Di Stasi LC, Fernandes Junior A. (2006). Sinergismo tra estratto di pianta e farmaci antimicrobici utilizzati nelle malattie da Staphylococcus aureus. Mem. Inst. Oswaldo Cruz, 101: 387-390.
- Chopra, RN, Chopra I C, Handa K L & Kapur L D. (1958). Chopra's Indigenous Drug of India. 2a ED. B.K. Dhur of Academic Publishers, Calcutta India.
- Mittal P. Kaushik D. Gupta V. Bansal P, Khokra S. (2009). Potenziale terapeutico di "Shilajit Rasayana" Una rassegna, International Journal of Pharmaceutical and Clinical Research; 1(2): 47-49.
- Mukherjee, Biswapati. (1992). Medicina tradizionale, atti di un seminario internazionale. pp. 398-
- 319. Hotel Taj Bengal, Calcutta India. Oxford & IBH Publishing, Nuova Delhi.

- Paul P. (1997). Scoprire le prove. Chimica in Gran Bretagna, pp. 32-34.
- Ghosal S. (1990). Chimica dello shilajit, un rasayan ayurvedico immunomodulante: Pur and Applied Chemistry, 62(7):1285-1288.
- Sharma RK, Dash B, Sambita TC. (2000). Chowkhamba Sanskrit Series Office, Varanasi-1,. Vol III Cap 1:3 pag 50-54. Varanasi, India.
- Srivastava SR. (2009). Screening dell'attività antifungina e analisi HPLC dell'estratto grezzo di Tectona grandis, Shilajit, Valeriana wallachi, Electrical Journal of Environment, Agricultural and food Chemistry, 8(4): 218-229.
- Tritha, Swami Sada Shiva. (1998). L'enciclopedia ayurvedica. Ayurveda Holistic Centre Press. Bayville, NY.